卞尺丹几乙し丹卞と

Translated Language Learning

トランスレイテッド

Translated Language Learning

La Zampa della Scimmia
The Monkey's Paw

W.W. Jacobs

Italiano / English

Copyright © 2023 Tranzlaty
All rights reserved.
Published by Tranzlaty
ISBN: 978-1-83566-262-5
Original text by W.W. Jacobs
The Monkey's Paw
First published in English in 1902
www.tranzlaty.com

Parte prima
Part One

Fuori la notte era fredda e umida
outside the night was cold and wet
ma tutto andava bene nel piccolo salotto di Villa Laburnam
but all was well in the small parlour of Laburnam Villa
Il fuoco ardeva vivo e le persiane erano tirate
the fire burned brightly and the blinds were drawn
La vecchia signora dai capelli bianchi stava lavorando a maglia accanto al fuoco
the white-haired old lady was knitting by the fire
e padre e figlio erano occupati a giocare a scacchi
and father and son were busy playing chess
Al padre piaceva giocare pericolosamente
the father liked to play the game dangerously
Spesso metteva il suo re in pericoli inutili
he often put his king into unnecessary perils
e questa volta aveva lasciato il re troppo esposto
and this time he had left the king too exposed
Aveva visto l'errore che aveva fatto
he had seen the mistake he made
ma era troppo tardi per cambiarlo
but it was too late to change it
«Ascoltate il vento!» disse il signor White, amabilmente
"Hark at the wind!" said Mr. White, amiably
Cercò di distrarre suo figlio dal vedere l'errore
he tried to distract his son from seeing the mistake
"Ti sto ascoltando", disse il figlio
"I'm listening," said the son
anche se stava esaminando cupamente la lavagna

although he was grimly surveying the board
Mise in scacco il re
he put the king into check
«Non riesco a immaginare che verrà stasera» disse il padre
"I can't imagine he'll come tonight," said his father
e andò a mettere mano alla tavola
and he went to put his hand to the board
«E scacco matto» aggiunse il figlio
"and check mate," added the son
Il signor White fu per un attimo sopraffatto dalla rabbia
Mr. White was quite overcome with anger for a moment
"Questo è il problema di vivere così lontano!"
"That's the problem with living so far out!"
"È un posto così bestiale in cui vivere"
"it's such a beastly place to live in"
"Ed è troppo fuori dal modo in cui le cose vanno d'accordo"
"and it's too far out of the way of things"
"Il sentiero per la casa è una palude"
"The pathway to the house is a bog"
"E la strada è probabilmente un torrente ormai"
"and the road's probably a torrent by now"
"Non so cosa pensasse la gente!"
"I don't know what the people were thinking!"
"Forse perché solo due case sulla strada sono in affitto"
"perhaps because only two houses in the road are let"
"Devono pensare che non importa"
"they must think that it doesn't matter"
«Non importa, cara» disse la moglie, con tono rassicurante
"Never mind, dear," said his wife, soothingly
"Forse vincerai la prossima partita"
"perhaps you'll win the next game"

madre e figlio si scambiarono uno sguardo d'intesa
mother and son shared a knowing glance
Il signor White alzò lo sguardo appena in tempo per accorgersene
Mr. White looked up just in time to notice
Le parole si spensero sulle sue labbra
The words died away on his lips
Nascose un sorriso colpevole nella sua sottile barba grigia
he hid a guilty grin in his thin grey beard
Ci fu un forte botto al cancello
there was a loud bang at the gate
«Eccolo» disse Herbert White
"There he is," said Herbert White
e passi pesanti giunsero verso la porta
and heavy footsteps came towards the door
Il vecchio si alzò con una fretta ospitale
The old man rose with hospitable haste
aprì la porta al suo amico
he opened the door for his friend
e lo si sentì fare le condoglianze al nuovo arrivato
and he was heard condoling with the new arrival
alla fine la signora White chiamò gli uomini
eventually Mrs. White called the men in
Tossì dolcemente quando il marito entrò nella stanza
she coughed gently as her husband entered the room
Era seguito da un uomo alto e corpulento
he was followed by a tall, burly man
Era di occhi sgargianti e di viso rubicondo
he was beady of eye, and rubicund of visage
«Sergente maggiore Morris» disse, presentando l'amico
"Sergeant-Major Morris," he said, introducing his friend
Il sergente maggiore gli strinse la mano

The sergeant-major shook hands
e prese il posto che gli era stato offerto accanto al fuoco
and he took the proffered seat by the fire
Il padrone di casa tirò fuori il whisky e i bicchieri
his host got out the whiskey and tumblers
e mise sul fuoco un piccolo bollitore di rame
and he put a small copper kettle on the fire

Dopo il suo terzo whisky i suoi occhi si fecero più luminosi
After his third whiskey his eyes got brighter
e a poco a poco cominciò a parlare più liberamente
and gradually he began to talk more freely
La famigliola circondò il visitatore
the little family circled their visitor
Raddrizzò le spalle larghe sulla sedia
he squared his broad shoulders in the chair
e parlava di scene selvagge e di azioni coraggiose
and he spoke of wild scenes and doughty deeds
Parlava di guerre, di pestilenze e di popoli stranieri
he spoke of wars and plagues and strange peoples
«Ventuno anni» disse il signor White
"Twenty-one years of it," said Mr. White
e fece un cenno alla moglie e al figlio
and he nodded to his wife and son
"Allora lavorava solo nel magazzino"
"he was just working in the warehouse then"
"Quando se n'è andato era solo un ragazzo"
"When he went away he was just a youth"
"Ora guardalo, dopo tutti questi anni"
"Now look at him, after all these years"
sebbene la signora White lo lusingasse educatamente;
although Mrs. White politely flattered him;

"Non sembra che sia stato troppo danneggiato"
"He doesn't look like he has been too damaged"
«Mi piacerebbe andare anch'io in India» disse il vecchio
"I'd like to go to India myself," said the old man
"Solo per guardarmi un po' intorno, sai"
"just to look around a bit, you know"
ma il sergente maggiore lo sconsigliò
but the sergeant-major advised against it
"Stai meglio dove sei"
"you're better off where you are"
Scosse la testa al ricordo
he shook his head at the memory
Posò il bicchiere vuoto di whisky
He put down the empty glass of whiskey
Sospirando sommessamente, scosse di nuovo la testa
sighing softly, he shook his head again
ma il vecchio continuava a sognarlo
but the old man continued to dream of it
"Mi piacerebbe vedere quei vecchi templi"
"I would like to see those old temples"
"E mi piacerebbe vedere i fachiri e i giocolieri"
"and I'd like to see the fakirs and jugglers"
"Che cosa mi stavi dicendo l'altro giorno?"
"What is it you were telling me the other day?"
«Non era qualcosa che riguardava la zampa di una scimmia, Morris?»
"wasn't it something about a monkey's paw, Morris?"
«Niente» disse il soldato, frettolosamente
"Nothing," said the soldier, hastily
"Non c'è niente di cui valga la pena sentir parlare"
"it's nothing worth hearing about"
«La zampa di una scimmia?» chiese la signora White, incuriosita
"a monkey's paw?" said Mrs. White, curiously

Il sergente maggiore sapeva di dover spiegare un po'
the sergeant-major knew he had to explain a little
"Beh, è solo un po' di quella che si potrebbe chiamare magia"
"Well, it's just a bit of what you might call magic"
I suoi tre ascoltatori si sporsero in avanti con entusiasmo
His three listeners leaned forward eagerly
Il visitatore si portò alle labbra il bicchiere vuoto
The visitor put his empty glass to his lips
Per un attimo aveva dimenticato dove si trovava
for a moment he had forgot where he was
e poi posò di nuovo il bicchiere
and then he put the glass down again
Il padrone di casa gli riempì gentilmente il bicchiere
His host kindly refilled the glass for him
frugò nella sua tasca alla ricerca di qualcosa
he fumbled in his pocket for something
"A guardarlo, è solo una normale zampetta"
"To look at, it's just an ordinary little paw"
"Si è quasi seccato fino a diventare una mummia"
"it has all but dried to a mummy"
e tirò fuori qualcosa dalla tasca
and he took something out of his pocket
lo offriva a chiunque lo volesse
he offered it to anyone who wanted it
Mrs. White si ritrasse con una smorfia
Mrs. White drew back with a grimace
Ma suo figlio non ha esitato all'opportunità
but her son didn't hesitate at the opportunity
e tolse la zampa di scimmia all'ospite
and he took the monkey paw from the guest
Lo esaminò con grande curiosità
he examined it with great curiosity

Presto fu il turno di suo padre di tenere la zampa di scimmia
soon it was his dad's turn to hold the monkey paw
Dopo averlo esaminato, lo mise sul tavolo
having examined it, he placed it upon the table
"E cosa c'è di così speciale?", chiese
"And what is so special about it?" he asked
«C'è stato un incantesimo» disse il sergente maggiore
"It had a spell put on it," said the sergeant-major
"Era un vecchio fachiro; un uomo molto santo"
"he was an old fakir; a very holy man"
"E voleva dare una lezione alla gente"
"and he wanted to teach people a lesson"
"Voleva dimostrare che il destino governava le nostre vite"
"He wanted to show that fate ruled our lives"
"Non interferire con il destino", avvertì
"don't interfere with fate," he warned
"Così ha fatto un incantesimo sulla zampa"
"so he put a spell on the paw"
"Tre uomini potrebbero avere la zampa di scimmia"
"three men could have the monkey paw"
"Ognuno di loro potrebbe avere tre desideri da esso"
"they could each have three wishes from it"
Il suo pubblico ha trovato la storia piuttosto divertente
his audience found the story quite funny
Ma le loro risate sembrarono subito inappropriate
but their laughter quickly felt inappropriate
Il narratore di certo non stava ridendo
the story teller certainly wasn't laughing
Herbert cercò di alleggerire l'atmosfera nella stanza
Herbert tried to lighten the mood in the room
«Ebbene, perché non avete tre desideri, signore?»
"Well, why don't you have three wishes, sir?"

Quelli con esperienza hanno una quiete su di loro
those with experience have a quiet about them
Il soldato guardò con calma il giovane
the soldier calmly regarded the youth
«Ho esaudito i miei desideri» disse, con calma
"I've had my wishes," he said, quietly
e il suo viso macchiato diventò di un bianco grave
and his blotchy face turned a grave white
"E hai davvero esaudito i tre desideri?"
"And did you really have the three wishes granted?"
«I miei desideri sono stati esauditi», confermò il sergente maggiore
"I had my wishes granted," confirmed the sergeant-major
«E qualcun altro l'ha voluto?» chiese la vecchia signora
"And has anybody else wished?" asked the old lady
"Il primo uomo aveva i suoi tre desideri", fu la risposta
"The first man had his three wishes," was the reply
"Non so quali fossero i primi due desideri"
"I don't know what the first two wishes were"
"Ma il terzo desiderio era la morte"
"but the third wish was for death"
"È così che ho preso la zampa della scimmia"
"That's how I got the monkey's paw"
I suoi toni erano diventati molto gravi
His tones had gotten very grave
Un oscuro silenzio cadde sul gruppo
a dark hush fell upon the group
«Hai esaudito i tuoi tre desideri» pensò il signor White
"you've had your three wishes," pondered Mr. White
"Non ti va bene ora, allora, Morris"
"it's no good to you now, then, Morris"
"Per cosa lo tieni?"
"What do you keep it for?"

Il soldato scosse la testa
The soldier shook his head
«È un promemoria, suppongo» disse, lentamente
"it's a reminder, I suppose," he said, slowly
"Avevo qualche idea di venderlo"
"I did have some idea of selling it"
"ma non credo che lo venderò"
"but I don't think I will sell it"
"Ha già causato abbastanza danni"
"It has caused enough mischief already"
"E poi, la gente non lo comprerà"
"Besides, people won't buy it"
"Pensano che sia una favola"
"They think it's a fairy tale"
"Alcuni sono un po' più curiosi di altri"
"some are a little more curious than others"
"Ma vogliono provarlo prima di pagarmi"
"but they want to try it first before paying me"
gli chiese il vecchio con genuina curiosità
the old man asked him with genuine curiosity
"Vorresti avere altri tre desideri?"
"would you want to have another three wishes?"
"Non lo so..." disse il soldato: "Non lo so"
"I don't know..." said the soldier, "I don't know"

Prese la zampa dal tavolo
He took the paw from the table
e lo fece penzolare tra l'indice e il pollice
and he dangled it between his forefinger and thumb
All'improvviso lo gettò nel fuoco
suddenly he threw it into the fire
La famiglia gridò per la sorpresa e lo shock
the family cried out in surprise and shock
ma soprattutto gridavano di rammarico

but most of all they cried out with regret
Il signor White si chinò e lo strappò dal fuoco
Mr White stooped down and snatched it out the fire
"Meglio lasciarlo bruciare", disse il soldato
"Better let it burn," said the soldier
"Se non lo vuoi, Morris, dammelo"
"If you don't want it, Morris, give it to me"
«Non te lo darò» disse l'amico, ostinatamente
"I won't give it to you," said his friend, doggedly
"Volevo gettarlo sul fuoco"
"I meant to throw it on the fire"
"Se lo tieni, non incolparmi per quello che succede"
"If you keep it, don't blame me for what happens"
"Gettalo di nuovo sul fuoco come un uomo assennato"
"Pitch it on the fire again like a sensible man"
ma il vecchio scosse la testa
but the old man shook his head
Piuttosto, esaminò attentamente il suo nuovo possesso
instead, he examined his new possession closely
«Come fai?» chiese
"How do you do it?" he inquired
"Devi tenerlo nella mano destra"
"you have to hold it up in your right hand"
«Allora devi desiderare ad alta voce» disse il sergente maggiore
"then you have to wish aloud," said the sergeant-major
"ma ti avverto delle conseguenze"
"but I warn you of the consequences"
«Sembra le mille e una notte» disse la signora White
"Sounds like the Arabian Nights," said Mrs. White
Ella si alzò e cominciò ad apparecchiare la cena
and she rose and began to set the supper
"Potresti desiderare quattro paia di mani, per me"
"you could wish for four pairs of hands, for me"

Suo marito sollevò il talismano
Her husband held the talisman up
Il sergente maggiore lo afferrò per un braccio
the sergeant-major caught him by the arm
e aveva un'espressione di allarme sul volto
and he had a look of alarm on his face
E poi tutti e tre scoppiarono a ridere
and then all three burst into laughter
Ma l'ospite non era così divertito come i suoi ospiti
but the guest was not as amused as his hosts
"Se devi desiderare, desideri qualcosa di sensato"
"If you must wish, wish for something sensible"
Il signor White lasciò cadere la zampa in tasca
Mr. White dropped the paw into his pocket
La cena era ormai quasi apparecchiata
supper had now almost been set up
Il signor White mise le sedie intorno al tavolo
Mr White placed the chairs around the table
e fece cenno all'amico di venire a mangiare
and he motioned his friend to come and eat
La cena divenne più interessante del talismano
supper became more interesting than the talisman
e il talismano fu in parte dimenticato
and the talisman was partly forgotten
Ad ogni modo, c'erano altri racconti dall'India
anyway, there were more tales from India
e l'ospite li ha intrattenuti con altre storie
and the guest entertained them with other stories

La serata era stata molto piacevole
the evening had been very enjoyable
Morris partì giusto in tempo per prendere l'ultimo treno
Morris left just in time to catch the last train

Herbert era stato molto divertito da quelle storie
Herbert had been most entertained by the stories
"Immagina se tutte le storie che ci ha raccontato fossero vere"
"imagine if all the stories he told us are true"
"Immagina se la zampa della scimmia fosse davvero incantata"
"imagine if the monkey's paw really was enchanted"
"Lo prenderemo con le pinze"
"we shall take it with a pinch of salt"
Anche la signora White era curiosa
Mrs. White was curious about it too
«Gli hai dato qualcosa in cambio, padre?»
"Did you give him anything for it, father?"
e osservava attentamente il marito
and she watched her husband closely
«Una sciocchezza» disse, colorandosi un po'
"A trifle," said he, colouring slightly
"Non l'ha voluto, ma gliel'ho fatto prendere"
"He didn't want it, but I made him take it"
"E mi ha insistito di nuovo per buttarlo via"
"And he pressed me again to throw it away"
«Devi!» disse Herbert, con finto orrore
"you must!" said Herbert, with pretended horror
"Torneremo ricchi, famosi e felici"
"Why, we're going to be rich, and famous and happy"
"Dovresti esprimere il desiderio di essere un imperatore, padre"
"you should make the wish to be an emperor, father"
e dovette correre intorno al tavolo per finire la battuta
and he had to run around the table to finish the joke
"Allora non sarai beccato dalle galline"
"then you won't be pecked by the hens"
Sua madre lo inseguiva con uno strofinaccio

his mum was chasing him with a dishcloths
Il signor White prese la zampa dalla tasca
Mr. White took the paw from his pocket
Guardò dubbioso la zampa della scimmia mummificata
he eyed the mummified monkey's paw dubiously
"Non so cosa desiderare"
"I don't know what to wish for"
«E questo è un dato di fatto», disse, lentamente
"and that's a fact," he said, slowly
"Mi sembra di avere tutto quello che voglio"
"It seems to me I've got all I want"
«Ma potresti pagare la casa», suggerì Herbert
"but you could pay off the house," suggested Herbert
"Immagina quanto saresti felice allora!"
"imagine how happy you'd be then!"
"Hai fatto una buona osservazione", disse suo padre ridendo
"you make a good point," his dad laughed
"Bene, vorrei duecento sterline, allora"
"Well, wish for two hundred pounds, then"
"Basterebbe per il mutuo"
"that would be enough for the mortgage"
Dovette arrossire per la propria credulità
he had to blush at his own credulity
ma sollevò il talismano con la mano destra
but he held up the talisman with his right hand
Suo figlio mostrò un volto solenne a suo padre
his son showed a solemn face to his father
ma, di lato, strizzò l'occhio a sua madre
but, to the side, he winked to his mother
e si sedette al pianoforte
and he sat down at the piano
e toccò alcune corde dal suono serio
and he struck a few serious sounding chords

Il vecchio espresse distintamente il suo desiderio
the old man distinctly made his wish
"Vorrei duecento sterline"
"I wish for two hundred pounds"
Un bel crescendo di pianoforte accolse le parole
A fine crescendo from the piano greeted the words
ma poi un grido rabbrividente si levò dal vecchio
but then a shuddering cry came from the old man
Sua moglie e suo figlio corsero verso di lui
His wife and son ran towards him
«Si è mosso», gridò, «la mano si è mossa!»
"It moved," he cried, "the hand moved!"
Guardò con disgusto l'oggetto sul pavimento
he looked with disgust at the object on the floor
"Mentre esprimevo il mio desiderio, si attorcigliava nella mia mano"
"As I made my wish it twisted in my hand"
"Si muoveva nella mia mano come un serpente"
"it moved in my hand like a snake"
"Beh, non vedo i soldi", disse il figlio
"Well, I don't see the money," said his son
Raccolse la zampa dal pavimento
he picked the paw from the floor
e posò la mano avvizzita sul tavolo
and he placed the withered hand on the table
"E scommetto che non vedrò mai i soldi"
"and I bet I never shall see the money"
«Dev'essere stata una tua fantasia, padre» disse la moglie
"It must have been your fancy, father," said his wife
"L'immaginazione ha un modo di giocare brutti scherzi"
"imaginations do have a way of playing tricks"
ma lei continuava a guardarlo ansiosamente
but she continued to regard him anxiously

Riacquistò la calma e scosse la testa
He collected his calm and shook his head
"Non importa, però, non c'è nulla di male"
"Never mind, though, there's no harm done"
"Ma mi ha dato un bel colpo"
"but it did give me quite a shock"

Si sedettero di nuovo accanto al fuoco
They sat down by the fire again
I due uomini fumavano il resto della pipa
the two men smoked the rest of their pipes
Fuori, il vento era più forte che mai
outside, the wind was stronger than ever
Il vecchio rimase nervoso tutta la notte
the old man was on edge all night
Una porta al piano di sopra si chiuse con un botto
a door upstairs shut itself with a bang
e quasi saltò fuori dalla sua pelle
and he almost jumped out of his skin
Un silenzio insolito e deprimente scese sulla stanza
an unusual and depressing silence settled upon the room
alla fine Herbert si ritirò per la notte
eventually Herbert retired for the night
ma non poté fare a meno di stuzzicarli un po' di più
but he couldn't help teasing them a little more
"Mi aspetto che troverai i contanti vincolati"
"I expect you'll find the cash tied up"
"Sarà tutto in mezzo al tuo letto"
"it'll all be in the middle of your bed"
"Ma ci sarà qualcosa di orribile nella tua stanza"
"but there'll be something horrible in your room"
"Sarà accovacciato sopra l'armadio"
"it will be squatting on top of the wardrobe"

"E ti guarderà mentre intascherai i tuoi guadagni illeciti"
"and it'll watch you as you pocket your ill-gotten gains"
"Buonanotte mamma, buonanotte papà"
"good night mother, good night father"
Anche la signora White andò presto a letto
Mrs. White soon went to bed too
Il vecchio sedeva da solo nell'oscurità
The old man sat alone in the darkness
Passò un po' di tempo a guardare il fuoco morente
he spend some time gazing at the dying fire
Nel fuoco vedeva facce orribili
in the fire he could see horrible faces
Avevano qualcosa di stranamente scimmiesco
they had something strangely ape-like to them
e non poté fare a meno di guardarlo con stupore
and he couldn't help gazing in amazement
ma tutto è diventato un po' troppo vivido
but it all got a little too vivid
Con una risata inquieta allungò la mano verso il bicchiere
with an uneasy laugh he reached for the glass
Stava per gettare un po' d'acqua sul fuoco
he was going to throw some water on the fire
ma la sua mano si imbatté nella zampa della scimmia
but his hand happened upon the monkey's paw
Un piccolo brivido gli corse lungo la schiena
a little shiver ran down his spine
Si asciugò la mano sul cappotto
he wiped his hand on his coat
e alla fine si mise a letto anche lui
and finally he also went up to bed

Parte seconda
Part Two

Nella luminosità del sole invernale la mattina dopo
In the brightness of the wintry sun the next morning
Il sole splendeva sul tavolo della colazione
the sun streamed over the breakfast table
Rise delle sue paure della notte precedente
He laughed at his fears from the previous night
C'era un'aria di prosaica salubrità nella stanza
There was an air of prosaic wholesomeness in the room
L'umore era mancato di questo ottimismo la sera precedente
the mood had lacked this optimism on the previous night
La zampetta sporca e raggrinzita fu messa sulla credenza
The dirty, shrivelled little paw was put on the sideboard
La zampa è stata messa lì con un po' di noncuranza
The paw was put there somewhat carelessly
come se non ci fosse una grande credenza nelle sue virtù
as if there was no great belief in its virtues
«Suppongo che tutti i vecchi soldati siano uguali» disse la signora White
"I suppose all old soldiers are the same," said Mrs. White
"Buffo pensare che stavamo ascoltando queste sciocchezze!"
"funny to think we were listening to such nonsense!"
"Come si possono esaudire i desideri in questi giorni?"
"How could wishes be granted in these days?"
«E come potrebbero farti male duecento sterline, padre?»
"And how could two hundred pounds hurt you, father?"

Herbert aveva una battuta anche per questo
Herbert had a joke for this too
"Potrebbe cadere sulla sua testa dal cielo"
"it might drop on his head from the sky"
Ma suo padre non trovava ancora tutto divertente
but his father still didn't find it all funny
"Morris ha detto che le cose sono accadute in modo molto naturale"
"Morris said the things happened very naturally"
"Potresti, se lo volessi, attribuirlo a una coincidenza"
"you might, if you so wished, attribute it to coincidence"
Herbert si alzò da tavola, ma fece un'ultima battuta
Herbert rose from the table, but made one last joke
"Beh, non iniziare a spendere i soldi prima che io torni"
"Well, don't start spending the money before I come back"
"Temo che ti trasformerà in un uomo meschino e avaro"
"I'm afraid it'll turn you into a mean, avaricious man"
"E allora dovremo rinnegarti"
"and then we shall have to disown you"
Sua madre rise e lo seguì fino alla porta
His mother laughed and followed him to the door
Lei lo guardò lungo la strada
She watched him down the road
Poi tornò al tavolo della colazione
then she returned back to the breakfast table
Era molto felice a spese della credulità del marito
she was very happy at the expense of her husband's credulity
Ma si affrettò alla porta quando il postino bussò
but she did hurry to the door when the postman knocked
Il postino le aveva portato una cambiale del sarto

the postman had brought her a bill from the tailor
E commentò di nuovo la zampa della scimmia
and she did comment about the monkey's paw again

Il resto della giornata è stato abbastanza tranquillo
the rest of the day was quite uneventful
Il signore e la signora White si stavano preparando per la cena
Mr. and Mrs. White were getting ready to have dinner
Si aspettavano che Herbert tornasse da un momento all'altro
They were expecting Herbert back any minute now
La signora White ha avuto modo di parlare di suo figlio
Mrs White got to talking about her son
"Avrà ancora un po' delle sue osservazioni divertenti"
"He'll have some more of his funny remarks"
«Sono sicuro che lo farà» disse il signor White
"I'm sure he will," said Mr. White
e si versò un po' di birra
and he poured himself out some beer
"Ma, scherzi a parte, la cosa si muoveva nella mia mano"
"but, joking aside, the thing moved in my hand"
«— Pensavate, — disse la vecchia signora, con tono rassicurante
""you thought," said the old lady, soothingly
"Io dico che si è mosso", rispose l'altro
"I say it DID move," replied the other
"Non c'è stato alcun 'pensiero' al riguardo"
"There was no 'thought' about it"
"Stavo per ... Qual è il problema?"
"I was about to... What's the matter?"
Sua moglie non rispose
His wife made no reply

Stava osservando i misteriosi movimenti di un uomo all'esterno
She was watching the mysterious movements of a man outside
Sembrava che stesse cercando di decidersi ad entrare
He appeared to be trying to make up his mind to enter
Ha fatto una connessione mentale con le duecento sterline
she made a mental connection with the two hundred pounds
e notò che lo straniero era ben vestito
and she noticed that the stranger was well dressed
Indossava un cappello di seta di lucente novità
He wore a silk hat of glossy newness
Per tre volte si fermò davanti al cancello
Three times he paused at the gate
Poi si allontanò di nuovo
Then he walked away again
La quarta volta si fermò con la mano sul cancello
The fourth time he stood with his hand on the gate
Risoluto, spalancò il cancello
resolutely, he flung the gate open
e risalì il sentiero verso la casa
and he walked up the path towards the house
Si slacciò in fretta i lacci del grembiule
She hurriedly unfastened the strings of her apron
e mise quel grembiule sotto il cuscino della sua sedia
and put that apron beneath the cushion of her chair
Poi andò alla porta per far entrare lo straniero
then she went to the door to let the stranger in
Entrò lentamente e la guardò furtivamente
He entered slowly, and gazed at her furtively
L'anziana signora si scusò per l'aspetto della stanza
the old lady apologized for the appearance of the room

ma ascoltava preoccupato
but he listened in a preoccupied fashion
Si è anche scusata per il cappotto di suo marito
She also apologized for her husband's coat
un indumento che di solito riservava al giardino
a garment which he usually reserved for the garden
Aspettò pazientemente che lui dicesse perché era venuto
She waited patiently for him to say why he had come
ma all'inizio era stranamente silenzioso
but he was at first strangely silent
«Mi è stato chiesto di venire da te», disse alla fine
"I was asked to come to you," he said, at last
Si chinò per raccogliere un pezzo di cotone dai pantaloni
He stooped to pick a piece of cotton from his trousers
"Vengo da Fauci e Meggins"
"I come from Maw and Meggins"
La vecchia signora trasalì per quello che aveva detto
The old lady was startled by what he had said
«C'è qualcosa che non va?» chiese, senza fiato
"Is anything the matter?" she asked, breathlessly
«È successo qualcosa a Herbert?
"Has anything happened to Herbert?
"Che cos'è? Che cosa gli è successo?"
"What is it? What happened to him?"
«Aspetta un po', mamma» disse il marito, in fretta
"wait a little, mother," said her husband, hastily
"Siediti e non saltare alle conclusioni"
"Sit down, and don't jump to conclusions"
"Non avete portato cattive notizie, ne sono sicuro, signore"
"You've not brought bad news, I'm sure, Sir"
e guardò malinconicamente lo straniero

and he eyed the stranger wistfully
"Mi dispiace..." cominciò il visitatore
"I'm sorry..." began the visitor
«È ferito?» domandò la madre, selvaggiamente
"Is he hurt?" demanded the mother, wildly
Il visitatore si inchinò in segno di assenso
The visitor bowed in assent
«Ferito gravemente» disse, con calma
"Badly hurt," he said, quietly
"ma non soffre"
"but he is not in any pain"
«Oh, grazie a Dio!» esclamò la vecchia
"Oh, thank God!" said the old woman
e giunse le mani per pregare
and she clasped her hands to pray
"Grazie a Dio per questo! Grazie..."
"Thank God for that! Thank..."
Interruppe improvvisamente la frase
She broke off her sentence suddenly
Il significato sinistro di quella rassicurazione le apparve
the sinister meaning of the assurance dawned upon her
Guardò il volto distolto dagli estranei
she looked into the strangers averted face
e vide la terribile conferma dei suoi timori
and she saw the awful confirmation of her fears
Riprese fiato per un attimo
she caught her breath for a moment
e si rivolse al marito più lento
and she turned to her slower-witted husband
Posò la sua vecchia mano tremante sulla mano di lui
She laid her trembling old hand upon his hand
Ci fu un lungo silenzio nella stanza
There was a long silence in the room
Finalmente il visitatore ruppe il silenzio, a bassa voce

finally the visitor broke the silence, in a low voice
"E' rimasto intrappolato nel macchinario"
"He was caught in the machinery"
«Impigliato nel macchinario» ripeté il signor White
"Caught in the machinery," repeated Mr. White
mormorò le parole in modo stordito
he muttered the words in a dazed fashion
Rimase seduto a fissare fuori dalla finestra
He sat staring blankly out at the window
Prese la mano di sua moglie tra le sue
he took his wife's hand between his own
Si voltò gentilmente verso il visitatore
he turned gently towards the visitor
"Era l'unico che ci era rimasto"
"He was the only one left to us"
"È difficile", rispose l'altro
"It is hard," The other replied
Alzandosi, si diresse lentamente verso la finestra
Rising, he walked slowly to the window
"L'azienda ha voluto che trasmettessi la sua sincera simpatia"
"The firm wished me to convey their sincere sympathy"
"Riconosciamo che hai subito una grande perdita"
"we recognize that you have suffered a great loss"
ma non riusciva a guardarli negli occhi
but he was unable to look them in the eyes
"Ti prego di capire che sono solo il loro messaggero"
"I beg that you will understand I am only their messenger"
"Sto semplicemente obbedendo agli ordini che mi hanno dato"
"I am merely obeying the orders they gave me"
Non ci fu risposta da parte dell'anziana coppia
There was no reply from the old couple

Il viso della vecchia era bianco
The old woman's face was white
I suoi occhi erano fissi
Her eyes were staring
Il suo respiro era impercettibile
Her breath was inaudible
Suo marito stava guardando in lontananza
her husband was looking into some middle distance
"Fauci e Meggins declinano ogni responsabilità"
"Maw and Meggins disclaim all responsibility"
"Non ammettono alcuna responsabilità"
"They admit no liability at all"
"Ma sono premurosi per i servizi di tuo figlio"
"but they are considerate of your son's services"
"Vogliono darti un risarcimento"
"they wish to present you with some compensation"
Il signor White lasciò cadere la mano di sua moglie
Mr. White dropped his wife's hand
Si alzò in piedi per quello che stava per chiedere
he rose to his feet for what he was about to ask
e guardò con uno sguardo di orrore il suo visitatore
and he gazed with a look of horror at his visitor
Le sue labbra secche modellarono le parole: "Quanto?"
His dry lips shaped the words, "How much?"
"Duecento sterline", fu la risposta
"Two hundred pounds," was the answer
Sua moglie lanciò un grido quando sentì il numero
his wife gave out a shriek when she heard the number
Il vecchio sorrise solo debolmente
the old man only smiled faintly
Tese le mani come un cieco
He held out his hands like a sightless man
e cadde in un mucchio insensato sul pavimento
and he dropped into a senseless heap on the floor

Parte terza
Part Three

Nell'immenso nuovo cimitero
In the huge new cemetery
a due miglia di distanza dalla casa
two miles away from the house
I vecchi seppellirono il loro figlio morto
the old people buried their dead son
Tornarono insieme a casa loro
They came back to their house together
erano immersi nell'ombra e nel silenzio
they were steeped in shadow and silence
È finito tutto così in fretta
It was all over so quickly
Riuscivano a malapena a capacitarsi di quello che era successo
they could hardly take in what had happened
Rimasero in uno stato di attesa
They remained in a state of expectation
come se qualcos'altro stesse per accadere
as though of something else was going to happen
qualcos'altro, che doveva alleggerire questo carico
something else, which was to lighten this load
il carico troppo pesante da sopportare per i vecchi cuori
the load too heavy for old hearts to bear
Ma i giorni passarono senza alcun sollievo
But the days passed without any relief
e l'attesa ha lasciato il posto alla rassegnazione
and expectation gave place to resignation
La rassegnazione senza speranza dei vecchi
The hopeless resignation of the old
A volte viene erroneamente chiamata apatia

sometimes it is miscalled apathy
In questo periodo non si scambiarono quasi una parola
in this time they hardly exchanged a word
Ora non avevano più nulla di cui parlare
Now they had nothing to talk about
i loro giorni erano lunghi, per la stanchezza
their days were long, from the weariness

Era circa una settimana dopo il funerale
It was about a week after the funeral
Il vecchio si svegliò all'improvviso nella notte
the old man woke suddenly in the night
Allungò la mano
He stretched out his hand
Scoprì di essere solo a letto
he found he was alone in bed
La stanza era al buio
The room was in darkness
Il suono di un pianto sommesso proveniva dalla finestra
The sound of subdued weeping came from the window
Si alzò sul letto e ascoltò
He raised himself in bed and listened
«Torna indietro», disse con tenerezza
"Come back," he said, tenderly
"Avrai freddo", la avvertì
"You will be cold," he warned her
"Fa più freddo per mio figlio", disse la vecchia
"It is colder for my son," said the old woman
e piangeva ancora più di prima
and she wept even more than before
Il suono dei singhiozzi di lei si spense nelle sue orecchie
The sound of her sobs died away on his ears
Il letto era caldo e confortevole

The bed was warm and comfortable
I suoi occhi erano appesantiti dal sonno
His eyes were heavy with sleep
Dormì fino a quando un grido improvviso di sua moglie lo svegliò
he slept until a sudden cry from his wife awoke him
«La zampa!» gridò selvaggiamente, «la zampa della scimmia!»
"The paw!" she cried wildly, "The monkey's paw!"
Si alzò dal letto allarmato
He got out of bed in alarm
"Dove? Dov'è?" chiese
"Where? Where is it?" he demanded
"Che cos'ha la zampa della scimmia?"
"What's the matter with the monkey's paw?"
Attraversò la stanza barcollando verso di lui
She came stumbling across the room toward him
«Voglio la zampa della scimmia» disse con calma
"I want the monkey's paw," she said, quietly
«Non l'hai distrutta, vero?»
"You've not destroyed it, have you?"
"E' in salotto" rispose lui, meravigliato
"It's in the parlour" he replied, marvelling
"Perché vuoi la zampa della scimmia?"
"Why do you want the monkey's paw?"
Piangeva e rideva allo stesso tempo
She cried and laughed at the same time
Chinandosi, gli baciò la guancia
Bending over, she kissed his cheek
"Ci ho solo pensato", disse istericamente.
"I only just thought of it," she said, hysterically.
"Perché non ci ho pensato prima?"
"Why didn't I think of it before?"
"Perché non ci hai pensato?"

"Why didn't you think of it?"
«A cosa non abbiamo pensato?» chiese
"what didn't we think of?" he questioned
«Gli altri due desideri», rispose lei, rapidamente
"The other two wishes," she replied, rapidly
"Abbiamo avuto solo uno dei nostri desideri"
"We've only had one of our wishes"
«Non era abbastanza?» domandò con fierezza
"Was that not enough?" he demanded, fiercely
«No!» esclamò trionfante
"No," she cried, triumphantly
"Esprimeremo un altro desiderio"
"we will make one more wish"
"Scendi e prendilo in fretta"
"Go down and get it quickly"
"E auguro al nostro ragazzo di essere di nuovo vivo"
"and wish our boy alive again"
L'uomo si mise a sedere sul letto
The man sat up in bed
Gettò le lenzuola dalle sue membra tremanti
He flung the bedclothes from his quaking limbs
«Buon Dio, sei pazzo!» gridò, inorridito
"Good God, you are mad!" he cried, aghast
"Prendi la zampa della scimmia", ansimò
"Get the monkey's paw," she panted
"Ed esprimi il desiderio. Oh, ragazzo mio, ragazzo mio!"
"and make the wish. Oh, my boy, my boy!"
Suo marito accese un fiammifero e accese la candela
Her husband struck a match and lit the candle
«Torna a letto» disse, incerto
"Get back to bed," he said, unsteadily
"Non sai quello che dici"
"You don't know what you are saying"
«Il primo desiderio è stato esaudito» disse la vecchia,

febbrilmente
"We had the first wish granted," said the old woman, feverishly
"Perché non possiamo esaudire un secondo desiderio?"
"Why can we not get a second wish granted?"
«Una coincidenza» balbettò il vecchio
"A coincidence," stammered the old man
«Va' a prenderlo e lo desideri!» gridò la moglie
"Go and get it and wish," cried his wife
Tremava per l'eccitazione
she was quivering with excitement
Il vecchio si voltò e la guardò
The old man turned and regarded her
La sua voce tremava: "È morto da dieci giorni"
His voice shook, "He has been dead ten days"
"E poi... Non te lo direi..."
"and besides... I would not tell you..."
"ma, potevo riconoscerlo solo dal suo abbigliamento"
"but, I could only recognize him by his clothing"
"Era troppo terribile per essere visto"
"he was too terrible for you to see"
«Come si è potuto riportarlo indietro?»
"how could he be brought back from that?"
«Riportatelo indietro!» gridò la vecchia
"Bring him back," cried the old woman
Lo trascinò verso la porta
She dragged him toward the door
"Pensi che io abbia paura del bambino che ho allattato?"
"Do you think I fear the child I nursed?"
Scese nell'oscurità
He went down in the darkness
Si diresse verso la cucina
he felt his way to the kitchen

Poi andò alla mensola del camino
Then he went to the mantelpiece
Il talismano era al suo posto
The talisman was in its place
Era sopraffatto da un'orribile paura
he was overcome by a horrible fear
la paura che il suo desiderio avrebbe funzionato
the fear that his wish would work
il suo desiderio di riportare indietro il figlio mutilato
his wish would bring his mutilated son back
Aveva perso la direzione della porta
he had lost the direction of the door
ma riprese fiato
but he caught his breath again
La sua fronte era fredda di sudore
His brow was cold with sweat
Anche il volto di sua moglie sembrava cambiato
Even his wife's face seemed changed
Il suo viso era pallido e pieno di aspettative
her face was white and expectant
Sembrava avere un aspetto innaturale su di esso
it seemed to have an unnatural look upon it
Aveva paura di lei
he was afraid of her
«Desiderio!» gridò con voce forte
"Wish!" she cried, in a strong voice
"È sciocco e malvagio", esclamò
"It is foolish and wicked," he faltered
«Desiderio!» ripeté la moglie
"Wish!" repeated his wife
Afferrò la zampa e alzò la mano
He held the paw and raised his hand
"Vorrei che mio figlio fosse di nuovo vivo"
"I wish my son alive again"

Il talismano cadde a terra
The talisman fell to the floor
Lo guardò con timore
He regarded it fearfully
Poi sprofondò tremante su una sedia
Then he sank trembling into a chair
La vecchia, con gli occhi ardenti, si avvicinò alla finestra
The old woman, with burning eyes, walked to the window
Sollevò le persiane e guardò fuori
she raised the blinds and peered out
La vecchia rimase immobile alla finestra
the old woman stood motionless at the window
Rimase seduto finché non fu infreddolito dal freddo
he sat until he was chilled with the cold
Di tanto in tanto lanciava un'occhiata a sua moglie
occasionally he glanced at his wife

L'estremità della candela era bruciata sotto l'orlo
The candle-end had burned below the rim
La fiamma proiettava ombre pulsanti sulle pareti
the flame threw pulsating shadows on the walls
con uno sfarfallio più grande degli altri, si spense
with a flicker larger than the rest, it went out
Il vecchio provò un indicibile senso di sollievo
The old man felt an unspeakable sense of relief
Il talismano non era riuscito a esaudire il suo desiderio
the talisman had failed to grand his wish
Così, il vecchio strisciò di nuovo nel suo letto
so, the old man crept back to his bed
Uno o due minuti dopo la vecchia lo raggiunse
A minute or two afterwards the old woman joined him
Si sdraiò silenziosamente e apaticamente accanto a lui
she silently and apathetically laid herself beside him

Nessuno dei due parlò, ma rimasero in silenzio
Neither spoke, but they lay silently
Ascoltavano il ticchettio dell'orologio
they listened to the ticking of the clock
Sentirono lo scricchiolio delle scale
they heard the creaking of the stairs
e un topo cigolante correva rumorosamente attraverso il muro
and a squeaky mouse scurried noisily through the wall
L'oscurità che incombeva su di loro era opprimente
The darkness hanging over them was oppressive
Alla fine il vecchio ebbe di nuovo abbastanza coraggio
eventually the old man had enough courage again
Si alzò e prese la scatola dei fiammiferi
he got up and took the box of matches
Accendendo un fiammifero, scese al piano di sotto per prendere una candela
Striking a match, he went downstairs for a candle
Ai piedi delle scale si spense il fiammifero
At the foot of the stairs the match went out
e si fermò per accendere un altro fiammifero
and he paused to strike another match
Nello stesso istante si sentì bussare
At the same moment there was a knock
un colpo così silenzioso e furtivo da essere appena udibile
a knock so quiet and stealthy as to be scarcely audible
Bussarono dalla porta d'ingresso
the knock came from the front door
I fiammiferi gli caddero di mano e si rovesciarono sul pavimento
The matches fell from his hand and spilled on the floor
Rimase immobile sulle scale
He stood motionless on the stairs

il suo respiro rimase sospeso fino a quando il colpo non fu ripetuto
his breath suspended until the knock was repeated
Poi si voltò e fuggì rapidamente nella sua stanza
Then he turned and fled swiftly back to his room
e chiuse la porta dietro di sé
and he closed the door behind him
Un terzo colpo risuonò per tutta la casa
A third knock sounded through the house
«Che cos'è?» esclamò la vecchia
"What's that?" cried the old woman
«Un topo» disse il vecchio in tono tremante
"A rat," said the old man in shaking tones
"Un topo, mi è passato accanto sulle scale"
"a rat, it ran past me on the stairs"
Sua moglie si sedette sul letto, ascoltando
His wife sat up in bed, listening
Un forte colpo risuonò per tutta la casa
A loud knock resounded through the house
«È Herbert!» gridò, «è Herbert!»
"It's Herbert!" she screamed, "it's Herbert!"
Corse alla porta, ma suo marito fu più veloce
She ran to the door, but her husband was quicker
La afferrò per un braccio e la strinse forte
he caught her by the arm and held her tightly
«Che cosa hai intenzione di fare?» sussurrò con voce rauca
"What are you going to do?" he whispered hoarsely
"È il mio ragazzo; è Herbert!» esclamò
"It's my boy; it's Herbert!" she cried
Lottò meccanicamente per liberarsi
she struggled mechanically to break free
"Dimenticavo che era a due miglia di distanza"
"I forgot it was two miles away"

"Per cosa mi stai trattenendo?"
"What are you holding me for?"
"Lasciami andare. Devo aprire la porta"
"Let me go. I must open the door"
«Per l'amor di Dio, non lasciarlo entrare!» gridò il vecchio, tremando
"For God's sake don't let it in," cried the old man, trembling
«Hai paura di tuo figlio!» gridò, lottando
"You're afraid of your own son," she cried, struggling
"Lasciami andare. Sto arrivando, Herbert, sto arrivando"
"Let me go. I'm coming, Herbert, I'm coming"
Ci fu un altro bussare, e un altro ancora
There was another knock, and another
Con un movimento improvviso la vecchia si liberò
with a sudden movement the old woman broke free
e corse fuori dalla stanza
and she ran out of the room
Suo marito la seguì fino al pianerottolo
Her husband followed her to the landing
La chiamò in modo supplichevole, mentre lei si affrettava a scendere le scale
he called after her appealingly as she hurried downstairs
Sentì la catena della porta sferragliare all'indietro
He heard the chain of the door rattle back
la voce della vecchia, tesa e ansimante
the old woman's voice, strained and panting
«Il chiavistello della porta!» gridò a voce alta
"The latch of the door" she cried, loudly
"Scendi, non riesco a raggiungerlo"
"Come down, I can't reach it"
Ma suo marito era in ginocchio
But her husband was on his hands and knees

Stava brancolando selvaggiamente sul pavimento
he was groping wildly on the floor
Stava cercando freneticamente la zampa
he was frantically searching for the paw
Se solo riuscisse a trovarlo prima che la cosa fuori entri
If he could only find it before the thing outside got in
Una perfetta fucilata di colpi risuonò per tutta la casa
A perfect fusillade of knocks reverberated through the house
Sentì lo stridere di una sedia
He heard the scraping of a chair
Sua moglie aveva appoggiato la sedia contro la porta
his wife had put the chair against the door
Sentì lo scricchiolio del chiavistello
He heard the creaking of the bolt
Nello stesso istante trovò la zampa della scimmia
At the same moment he found the monkey's paw
Freneticamente espirò il suo terzo e ultimo desiderio
frantically he breathed his third and last wish
I colpi cessarono all'improvviso
The knocking ceased suddenly
ma gli echi erano ancora in casa
but the echoes of it were still in the house
Sentì la sedia che veniva tirata indietro
He heard the chair being pulled back
e udì la porta aprirsi
and he heard the door being opened
Un vento gelido saliva le scale
A cold wind rushed up the staircase
e un lungo e forte lamento di delusione seguì il vento
and a long loud wail of disappointment followed the wind
Gli diede il coraggio di correre al suo fianco
it gave him courage to run down to her side

Poi corse al cancello di casa
Then he ran to the gate of the house
Il lampione tremolava su una strada silenziosa e deserta
The street lamp flickered on a quiet and deserted road

La fine
The End

www.ingramcontent.com/pod-product-compliance
Lightning Source LLC
Chambersburg PA
CBHW011954090526
44591CB00020B/2776